Anónimo

Lazarillo de Tormes

Adaptación didáctica y actividades por **Carmelo Valero Planas**

Ilustraciones de **Fabio Visintin**

Redacción: Valeria Franzoni
Diseño y dirección de arte: Nadia Maestri
Maquetación: Veronica Paganin, Simona Corniola
Búsqueda iconográfica: Laura Lagomarsino

© 2010 Cideb, Génova, Londres

Primera edición: enero de 2010

Créditos fotográficos:
Archivo Cideb; Lessing Archive/Contrasto: 4, 76; De Agostini
Picture Library: 16 abajo a la izquierda, 33; Webphoto: 34; Eugenio
Lucas y Padilla/Getty Images: 73.

Todos los sitios internet señalados han sido verificados en la fecha
de publicación de este libro. El editor no se considera responsable
de los posibles cambios que se hayan podido verificar. Se aconseja a
los profesores que controlen los sitios antes de utilizarlos en clase.

Para cualquier sugerencia o información se puede contactar con la
siguiente dirección:
info@blackcat-cideb.com
www.blackcat-cideb.com

ISBN 978-88-530-1034-6 libro + CD

Impreso en Italia por Litoprint, Génova

Índice

Texto integralmente grabado.

Este símbolo indica las actividades de audición.

DELE Este símbolo indica las actividades de preparación al DELE.

El *Lazarillo de Tormes*, Francisco de Goya y Lucientes (1808-1810).

Lazarillo de Tormes

En 1554, en varios sitios a la vez, Burgos, Alcalá de Henares y Amberes, se publicó un breve libro con el título de *Vida de Lazarillo de Tormes y de sus fortunas y adversidades*. Se piensa que existió una edición anterior de 1553, pero no se ha conservado ningún ejemplar. Se han hecho muchas hipótesis sobre el autor pero todavía no se sabe con certeza quién ha sido. Probablemente el autor era simpatizante de las ideas de la Reforma de Erasmo de Róterdam que criticaba a la Iglesia de Roma, y por esto la Inquisición lo prohibió. Pero aunque no conocemos la identidad del autor, la forma autobiográfica (el uso de la primera persona que relata su propia vida) significa que el contenido de la narración es verosímil.

Su gran éxito se extendió más allá de España y fue traducido al francés, al inglés, al holandés, al alemán y al italiano. Esta obra marcará el inicio de un nuevo género literario: la novela picaresca, de gran importancia en la literatura española del Siglo de Oro, se considera como muy representativa del modo de ser de los españoles. Se puede afirmar que nace para el hombre occidental la novela moderna.

Frontispicio de una edición del *Lazarillo de Tormes* de 1554.

El *Lazarillo* es la autobiografía de un pregonero, es decir, de un hombre de clase social muy baja, llamado Lázaro de Tormes.

El lector puede pensar que el «yo» narrador del protagonista, el pregonero, es el autor del libro. Pero no hay que confundir a la persona real que escribió esta novela con el personaje de ficción que la narra.

El pícaro que nos refleja el Lazarillo es un chico de buen corazón, sin experiencia, al que la realidad que lo rodea lo golpea de mala manera y él tiene que defenderse como puede. La vida le hace vivir situaciones de las que no sabe cómo salir, y acaba por entregarse al medio que le exige defenderse y engañar.

Pero no es un delincuente profesional. Cuando sus engaños fracasan, llegan las palizas, los golpes, los ayunos. La resignación y la astucia son sus únicas armas.

Lo que descubre el *Lazarillo* es la influencia de otras vidas sobre la nuestra. Y en las otras vidas, los santos y los héroes no abundan.

El gran invento del Lazarillo ha sido el de hacer del hombre de carne y hueso, con sus defectos y su difícil existencia sobre la tierra, un personaje literario.

Comprensión lectora

1 Completa las frases eligiendo la opción correcta.

1 El *Lazarillo* se publica en el siglo
   a ☐ XVII.   b ☒ XVI.   c ☐ XIV.

2 La autobiografía del *Lazarillo* es
   a ☒ auténtica.   b ☐ ficticia.   c ☐ histórica.

3 El «yo» narrativo del *Lazarillo* hace que esta novela sea
   a ☐ histórica.   b ☒ verosímil.   c ☐ interesante.

4 El carácter del pícaro se puede describir como
   a ☐ moral.   b ☐ cínico   c ☒ optimista.

5 El pícaro del Siglo de Oro proviene de una clase
   a ☒ humilde.   b ☐ aristocrática.   c ☐ bastante rica.

6 La crítica social es .... discurso de la novela picaresca.
   a ☒ parte del   b ☐ extraña al   c ☐ inútil al

Antes de leer

Léxico

1 Las palabras siguientes se utilizan en el capítulo 1. Asocia cada palabra a la definición correspondiente y comprueba tus respuestas a lo largo del texto.

a	agujero	g	jarro
b	mozo	h	derretir
c	*haber de* + infinitivo	i	desmayo
d	mesón	j	padecer
e	azotar	k	candado
f	coco	l	amo

1 **l** Persona que tiene uno o más criados a su servicio.

2 **j** Sufrir, soportar.

3 **b** Joven que presta servicios domésticos o de otra clase.

4 **d** Local donde se alojan huéspedes de paso.

5 **a** Abertura más o menos redondeada en una superficie.

6 **i** Pérdida momentánea del sentido y de las fuerzas.

7 **h** Fundir con el calor una sustancia blanda: manteca, cera...

8 **g** Recipiente de barro para contener agua o vino.

9 **k** Cerradura contenida en una caja metálica con una anilla con la que se aseguran puertas, arcas, cajones...

10 **e** Dar golpes a alguien.

11 **f** Personaje imaginario del que los niños tienen miedo.

12 **c** Perífrasis verbal que indica obligación o necesidad.

Lázaro cuenta su vida

Usted tiene que saber, ante todo, que a mí me llaman Lázaro de Tormes, hijo de Tomé González y de Antona Pérez, que eran de Tejares, un pequeño pueblo de Salamanca.

Cuando a mi madre le llegó la hora del parto, estaba en el molino de harina y me parió dentro del río Tormes, por eso tomé el sobrenombre.

Cuando tenía ocho años acusaron a mi padre de haber robado y lo metieron en la cárcel. Durante este tiempo se preparó una armada contra los moros. Mi padre fue y allí acabó su vida.

Mi viuda madre se fue a vivir a la ciudad y conoció a un hombre negro. Al principio le tenía miedo, pero viendo que traía pan, carne y leña para calentarnos en invierno, empecé a quererle.

Al poco tiempo, mi madre dio a luz un negrito muy bonito. Como el niño veía a mi madre y a mí blancos y a su padre negro, tenía miedo y señalando con el dedo decía:

—¡Madre, coco!

Yo decía entre mí: «¡Cuántos debe de haber en el mundo que huyen de otros porque no se ven a sí mismos!».

Mi padrastro robaba para mantenernos. Cuando lo descubrieron le azotaron y lo metieron en la cárcel. Mi viuda madre para darnos de comer, se fue a servir al mesón de la Solana. Y allí, sufriendo y trabajando mucho, mi hermanito empezó a caminar y yo me convertí en un muchacho que ayudaba a los huéspedes en todo lo que me mandaban.

Un día, llega un ciego, el cual me quería llevar con él para guiarle. Mi madre le dice:

—Tienes que tratarlo bien porque es huérfano.

—No te preocupes —dice el ciego— que lo voy a tratar no como mozo, sino como hijo.

Y así comienzo a servir y a guiar a mi nuevo viejo amo. Salimos de Salamanca y, al llegar a un puente donde hay un toro de piedra, el ciego me dice:

—Pon el oído en este toro y oirás gran ruido dentro de él.

Cuando acerco el oído a la piedra, me coge la cabeza con la mano y me da contra el diablo del toro que más de tres días me duró el dolor de la cornada.

—Estúpido —me dice—, aprende que el mozo del ciego tiene que saber más que el diablo.

Y se reía mucho de la burla.

«Tiene razón el ciego —pensé— y ya que estoy solo tengo que saber cómo defenderme.»

Seguimos nuestro camino y en pocos días me enseña el lenguaje de los ciegos que aprendo enseguida.

—Yo no te puedo dar oro ni plata —me decía—, pero te daré muchos consejos para vivir.

Ha de saber usted que, desde que Dios ha creado el mundo, no hay nadie más astuto ni perspicaz. Era un águila. Se sabía de memoria más de cien oraciones que, con su voz reposada, hacían resonar la iglesia donde rezaba.

Además de esto, tenía otras mil maneras para sacar el dinero. Decía tener oraciones para muchos efectos: para mujeres que no tenían hijos, para las que estaban separadas de sus maridos, pronosticaba si el que iba a nacer era niño o niña... En medicina, daba remedios contra el dolor de muelas, los desmayos...

Todos iban detrás de él, especialmente las mujeres, que creían todo lo que les decía y de las que ganaba más dinero en un mes que cien ciegos en un año.

Pero también quiero decir que, con todo lo que ganaba y tenía, jamás he visto un hombre tan avaro ni mezquino, porque a mí me mataba de hambre. Solo gracias a mi ingenio y sutileza conseguía engañarle y le hacía burlas endiabladas.

El ciego metía el pan y todas las cosas en un saco de tela que cerraba por la boca con un candado y su llave. Yo tomaba la miseria que me daba y en dos bocados la acababa. Pero yo, después que él cerraba el saco y estaba distraído, descosía un lado del saco y luego lo cosía, después de haber sacado no solo pan, sino pedazos de cerdo y salchichas. De este modo, remediaba a la maldad del mal ciego.

Acostumbraba poner a su lado un jarro de vino cuando comíamos y yo enseguida lo cogía y bebía dos tragos. Pero al darse cuenta que el vino disminuía, nunca más dejaba el jarro, sino que lo tenía entre las manos. Entonces yo, con una paja larga que me había hecho, la metía en el jarro, chupaba el vino y no le dejaba casi nada. Pero como el traidor era muy astuto

sospechaba de mí y desde entonces ponía el jarro entre sus piernas, lo tapaba con la mano y así bebía seguro. Yo, como me moría por el vino y el remedio de la paja ya no valía, decidí hacerle un orificio en la base del jarro y taparlo con un poco de cera. Luego me ponía entre sus piernas para calentarme con el poco fuego que teníamos, y con el calor se derretía la cera y el vino me bajaba a la boca sin perder ni una sola gota. Cuando el pobrecito iba a beber, no encontraba nada, se asustaba, se maldecía y mandaba al diablo el jarro y el vino, sin saber qué podía ser.

—No puede decir que me lo bebo yo —le digo—, pues lo tiene siempre en las manos.

Pero tantas vueltas da al jarro que al final encuentra el agujero y entiende la burla, pero no dice nada.

Y un día que estaba con la cara hacia el cielo y los ojos cerrados para gustar mejor el sabroso licor, el ciego coge el jarro y lo deja caer con todas sus fuerzas sobre mi boca. Yo, que no me lo esperaba, me parece que todo el cielo me ha caído encima.

Es tal el golpe que me rompe la boca y los dientes. Desde entonces empiezo a odiar al mal ciego ya que se alegraba del cruel castigo. Me lava las heridas con el vino y riéndose dice:

—¿Qué te parece, Lázaro? Lo que te enfermó te cura y da salud.

Después de leer

Comprensión lectora y auditiva

1 Forma frases uniendo los elementos de las dos columnas.

1	g	Tormes es	a	una paja larga.
2	c	El sobrenombre del Lazarillo es	b	un pueblo de Salamanca.
3	b	Tejares es	c	de Tormes.
4	h	El padre del Lazarillo es	d	un águila.
5	e	El Lazarillo es	e	un huérfano.
6	a	Lázaro metía en el jarro	f	la boca y los dientes.
7	d	El ciego era	g	un río de Salamanca.
8	f	Con el golpe del jarro Lázaro se rompe	h	un ladrón.

2 Escucha el principio del capítulo 1 y completa el texto.

Usted tiene que (1) ...saber..., ante todo, que a mí me
(2) ...llaman... Lázaro de Tormes, hijo de Tomé González y
de Antona Pérez, que (3) ...eran... de Tejares, un
pequeño pueblo de Salamanca.
Cuando a mi madre le (4) ...llegó... la hora del parto,
estaba en el molino de (5) .... y me parió dentro del río
Tormes, por eso (6) ...fame... el sobrenombre.
Cuando (7) ...tenía... ocho años acusaron a mi padre
de haber (8) ...robado... y lo metieron en la cárcel.
(9) ...durante... este tiempo se preparó una armada
(10) ...contra... los moros. Mi padre fue y allí acabó su
vida.
Mi viuda madre se (11) ...fue... a vivir a la
ciudad y conoció a un hombre negro. Al principio le tenía
(12) ...miedo..., pero viendo que traía pan, carne y leña
para (13) ...calentarnos... en invierno, empecé a quererle.

Gramática

3 Pon el masculino o femenino de las siguientes palabras.

1 madre ...f............................
2 hijo .....m................................
3 hombre ...m.........................
4 muchacho ...m......................
5 viejo ...m..............................

6 vaca .....f...
7 perspicaz ...ambos..................
8 traidor ...m...
9 feliz ...ambos.....................................
10 ciega ...f..

Léxico

4 Une cada palabra de la columna izquierda con su contraria de la derecha.

1 [k] primero
2 [d] pequeño
3 [f] llevar
4 [l] bien
5 [j] alejar
6 [i] perder
7 [h] dentro
8 [g] meter
9 [c] mucho
10 [e] salir
11 [b] detrás
12 [a] coser

a descoser
b delante
c poco
d grande
e entrar
f traer
g sacar
h fuera
i ganar
j acercar
k último
l mal

5 Sustituye los elementos en negrita por su sinónimo correspondiente entre los que te proponemos.

a sagaz   b solía   c nunca   d trozos   e después   f predecía

1 [f] El ciego **pronosticaba** si el que iba a nacer era niño o niña.
2 [c] El Lazarillo **jamás** había visto un hombre tan avaro como el ciego.
3 [e] Yo descosía un lado del saco y **luego** lo cosía.
4 [d] El ciego metía en el saco pan, **pedazos** de cerdo, salchichas.
5 [b] El amo **acostumbraba** poner a su lado un jarro de vino.
6 [a] Como el traidor del ciego era muy **astuto**, empezó a sospechar.

Expresión escrita y oral

6 Describe al Lazarillo en tu cuaderno como tú te lo imaginas, ayudándote con las palabras del recuadro.

> pequeño alto delgado ojos gordo listo humilde
> sincero mentiroso guapo asocial

7 Lee el siguiente artículo. ¿Piensas que se puede relacionar con el personaje de la novela? ¿Por qué?

Niños esclavos

Se llama Foussenatou y tenía 13 años cuando dejó Benin para ir a Costa de Marfil: su familia la había vendido como esclava. Su jornada empezaba a las 5 de la mañana: tenía que cuidar de los niños de la familia, llevarlos a la escuela, después volver a casa para hacer la limpieza. Así ha hecho durante tres años, hasta que los representantes de una ONG (Organización No Gobernativa) la han liberado. El pequeño estado agrícola africano de Benin es uno de los países donde la plaga del trabajo de menores está más radicada. Cada año, 50 mil niños, según una valoración de UNICEF, son vendidos como esclavos.

La historia de Foussenatou es igual a la de miles de otras: el 61% de los niños/as trabajadores del mundo están en Asia. La mayor parte de ellos/as trabajan en la industria textil.

Antes de leer

Léxico

1 Las palabras siguientes se utilizan en el capítulo 2. Asocia cada palabra a la foto correspondiente y comprueba tus respuestas a lo largo del texto.

> arroyo   maravedí   longaniza   nabo   rebanada de pan
> racimo   barro   calabaza   posada

1 ....   2 ....   3 ....

4 ....   5 ....   6 ....

7 ....   8 ....   9 ....

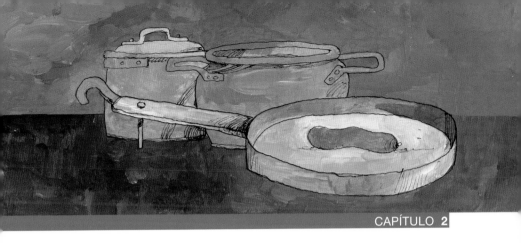

Lázaro abandona al ciego

Decidí librarme de él y abandonarlo, pero no inmediatamente, para gustar mejor mi venganza.

Lo llevaba siempre por los peores caminos para hacerle mal. Si había piedras por ellas; si había barro por lo más alto. Y él, con el bastón, me golpeaba en la cabeza. Yo juraba que no lo hacía con malicia pero él no me creía.

Salimos de Salamanca y fuimos a Toledo porque la gente era más rica y se podían hacer mayores ganancias.

Por el camino, al tiempo de la vendimia, un campesino le da un racimo de uvas.

—Ahora quiero ser generoso contigo —dice el ciego—, vamos a comernos las uvas a partes iguales. Tú picas una vez y yo otra, pero me tienes que prometer que vas a coger una sola uva cada vez, yo haré lo mismo y así no habrá engaño.

Así de acuerdo empezamos a comer. Pero enseguida el ciego comienza a comer de dos en dos pensando en que yo iba a hacer lo mismo. Como veía que no respetaba el acuerdo, empiezo a comer de tres en tres y de cuatro en cuatro. Acabado el racimo, moviendo la cabeza dice:

—Lázaro, me has engañado. Juro por Dios que tú has comido las uvas de tres en tres.

—No es verdad —digo yo—; pero ¿por qué sospecha eso?

—¿Sabes en qué veo que las has comido de tres en tres? En que yo comía dos a dos y tú callabas.

Un día estábamos en Escalona, un pequeño pueblo cerca de Toledo. Estando en el mesón, mi amo me da una longaniza para asarla. Luego saca un maravedí de la bolsa y me manda a comprar vino a la taberna. Al lado del fuego había un nabo un poco largo y redondo. Y como no había nadie y mi apetito era muy grande, cojo la sabrosa longaniza y pongo el nabo en el asador. Mi amo empieza a dar vueltas al fuego creyendo asar la longaniza.

Yo voy por el vino, con el cual me como la longaniza. Cuando vuelvo, veo a mi amo con dos rebanadas de pan apretando el nabo a modo de bocadillo. Cuando empieza a comer no encuentra la longaniza sino el frío nabo.

—¿Qué es esto, Lazarillo?

—¡Pobre de mí! —digo yo—. ¿Me quiere echar la culpa a mí? ¿No vengo de traer el vino? Alguno que estaba aquí se ha burlado.

—No, no —dice él—, que yo no he dejado el asador de la mano, no es posible.

Yo empiezo a jurar que no he sido yo el autor del engaño.

Pero mi maldito amo, a quien nada se le escondía, se levanta, me coge por la cabeza y con las manos me abre la boca más de la cuenta y mete la nariz muy adentro, de manera que casi me ahogaba. Con esto y con el gran miedo que tenía, mi estómago empieza a alterarse y la longaniza y la nariz salen de mi boca al mismo tiempo. Yo estaba muerto de miedo y mi amo me pega con fuerza. Con el ruido empieza a venir gente que me saca de las manos de aquel miserable.

La mesonera me lavó y me curó las heridas con el vino que había traído para beber. Y el mal ciego decía:

—Verdaderamente, más vino me gasta este mozo en lavar las heridas al cabo del año, que el que yo bebo en dos.

Y luego contaba cuántas veces me había roto la cabeza y me había curado con vino. Y todos los que estaban allí se reían.

Visto esto y las malas burlas que el ciego me hacía, decidí abandonarlo, no sin antes vengarme de él.

Otro día salimos por el pueblo a pedir limosna y estaba lloviendo mucho. El ciego, que estaba rezando debajo de unos portales, me dice:

—Lázaro, parece que va a seguir lloviendo, vamos a la posada con tiempo.

Para ir allá debíamos pasar un arroyo que, con la lluvia, iba crecido.

—Tío —le digo—, el arroyo va muy ancho, pero busco un sitio más estrecho por donde atravesar con un salto sin mojarnos.

Lo llevo enfrente de un pilar, o columna de piedra, que había en la plaza. Como llovía mucho y teníamos prisa de salir del agua me dice:

—Ponme bien derecho y salta tú primero.

Doy un salto, me pongo detrás de la columna y le digo:

—¡Adelante! salte todo lo que pueda.

Da dos pasos atrás y salta con todas sus fuerzas, dando con la cabeza en la columna, que sonó tan fuerte como una gran calabaza, cayendo luego hacia atrás medio muerto y con la cabeza rota.

Y allí lo dejo rodeado de gente que lo ayuda a levantarse. Salgo corriendo por la puerta del pueblo. No he sabido lo que ha sido de él, ni me importa saberlo.

Después de leer

Comprensión lectora y auditiva

1 Marca con una ✗ la opción correcta.

1 El Lazarillo decide abandonar al ciego
  a ☐ enseguida.
  b ☐ al cabo de un tiempo.

2 Van a Toledo
  a ☐ porque ganaban más.
  b ☐ porque la gente era más amable.

3 Cuando el ciego comía las uvas de dos en dos, Lazarillo
  a ☐ no decía nada.
  b ☐ se enfadaba.

4 Cuando el ciego le mete la nariz en la boca, el Lazarillo
  a ☐ empieza a vomitar.
  b ☐ se desmaya.

5 Para atravesar el arroyo, el Lazarillo pone al ciego
  a ☐ enfrente de una pared.
  b ☐ delante de una columna.

2 Escucha esta parte del capítulo 2 y responde a las preguntas.

1 ¿Quién le cura las heridas al Lazarillo?
2 ¿Qué medicamento usa para curarlas?
3 Cuando el ciego contaba las veces que le había roto la cabeza al Lazarillo, ¿qué hacían los que estaban allí?
4 ¿Qué decide hacer el Lazarillo antes de abandonar al ciego?
5 ¿Por qué el arroyo iba crecido?

El pretérito imperfecto

El imperfecto de los verbos regulares se forma añadiendo a la raíz del infinitivo las siguientes terminaciones:

	hablar	hacer	decidir
yo	habl -aba	hac -ía	decid -ía
tú	habl -abas	hac -ías	decid -ías
él, ella, usted	habl -aba	hac -ía	decid -ías
nosotros/as	habl -ábamos	hac -íamos	decid -íamos
vosotros/as	habl -abais	hac -íais	decid -íais
ellos, ellas, ustedes	habl -aban	hac -ían	decid -ían

Son tres los verbos irregulares:

	ser	ir	ver
yo	era	iba	veía
tú	eras	ibas	veías
él, ella, usted	era	iba	veía
nosotros/as	éramos	íbamos	veíamos
vosotros/as	erais	ibais	veíais
ellos, ellas, ustedes	eran	iban	veían

*En Toledo la gente **era** más rica.*   *El arroyo, con la lluvia, **iba** crecido.*

Gramática

3 Completa las frases con los verbos del recuadro en pretérito imperfecto.

golpear   ser   llevar   ir   estar   haber   hacer   deber

1 Lázaro .... siempre al ciego por los peores caminos.
2 A veces en los caminos .... piedras.
3 El ciego, con el bastón, ... a Lázaro en la cabeza.
4 El Lazarillo juraba que cuando lo llevaba por el barro no lo .... con malicia.
5 Salieron de Salamanca y fueron a Toledo porque la gente .... más rica.
6 Un día el Lazarillo y su amo .... en Escalona.
7 El ciego comienza a comer de dos en dos pensando que Lázaro .... a hacer lo mismo.
8 Para ir a la posada con tiempo .... pasar un arroyo.

Léxico

4 Sustituye los elementos en negrita por su sinónimo correspondiente entre los que te proponemos.

a comienza   d daño   g igual
b terror   e ponerse de pie h cierto
c terminado   f adinerada   i enseguida

1 ☐ Lázaro decidió librarse del ciego pero, no **inmediatamente**, para gustar mejor su venganza.

2 ☐ Lázaro llevaba siempre al ciego por los peores caminos para hacerle **mal**.

3 ☐ —Fuimos a Toledo porque la gente era más **rica** y se podían hacer mayores ganancias.

4 ☐ Cuando el ciego **empieza** a comer, no encuentra la longaniza.

5 ☐ El Lazarillo le dice a su amo que no es **verdad** que se ha comido la longaniza.

6 ☐ Yo haré **lo mismo** y así no habrá engaño.

7 ☐ **Acabado** el racimo mueve la cabeza.

8 ☐ —Mi amo me mete la nariz en la boca, y con el **gran miedo** que tenía, mi estómago se altera.

9 ☐ Lázaro deja al ciego rodeado de gente que lo ayuda a **levantarse**.

Expresión escrita y oral

DELE **5** Una asociación de voluntarios busca a chicos para acompañar a un ciego durante el mes de agosto. Rellena la información que te piden con tus datos.

NOMBRE: ....

APELLIDO(S): ....

FECHA DE NACIMIENTO: Día .... Mes .... Año ....

SEXO: M ☐   F ☐

DOMICILIO: Calle .... Número .... Código Postal ....

NACIONALIDAD: .... PROFESIÓN: ....

6 Cuenta a tus compañeros y luego escribe en cinco líneas una mentira que has contado a alguien.

▶▶▶ PROYECTO **INTERNET** ◀◀◀

Salamanca

Sigue estas instrucciones para conectarte con el sitio correcto. Entra en internet y ve al sitio www.blackcat-cideb.com. Escribe el título o parte del título del libro en nuestro buscador.

Abre la página del *Lazarillo de Tormes*. Pulsa en el icono del proyecto. Da una ojeada a la página hasta llegar al título de este libro, y conéctate con los sitios que te proponemos.

Responde a las siguientes preguntas.

1   ¿A qué Comunidad Autónoma pertenece Salamanca?

2   ¿Qué río pasa por Salamanca?

3   ¿En qué año fue Ciudad Europea de la cultura?

4   ¿A qué estilo pertenece la plaza Mayor?

5   ¿Dónde estaba ubicada, según la leyenda, la escuela de ciencias ocultas?

6   ¿Quién fundó la Universidad más antigua de España?

7   ¿Cuántas catedrales tiene Salamanca?

8   ¿En qué lugar de Salamanca se desarrolla una escena del Lazarillo?

9   En la fachada de la Universidad hay una rana sobre una calavera. ¿Qué le pasa al estudiante que no consigue verla?

Antes de leer

Léxico

1 Las palabras y expresiones siguientes se utilizan en el capítulo 3. Asocia cada palabra a la definición correspondiente y comprueba tus respuestas a lo largo del texto.

a   escapar del trueno y dar en el relámpago
b   hartarse
c   en menos que canta un gallo

d   caldo
e   cerrajero
f   barrer

1 ☐ Persona que arregla cerraduras, llaves y cosas de metal.
2 ☐ Saciar en exceso el hambre o la sed.
3 ☐ Salir de una situación difícil para entrar en otra peor.
4 ☐ En poquísimo tiempo.
5 ☐ Líquido que resulta de cocer un alimento en el agua.
6 ☐ Limpiar el suelo con una escoba.

2 Asocia cada palabra a la foto correspondiente y comprueba tus respuestas a lo largo del texto.

chuleta   cordero   arca   clérigo

1 ....   2 ....

3 ....   4 ....

25

El clérigo

Un día me encuentro con un clérigo y me pregunta si sé ayudar a misa. Le digo que sí y me admite a sus servicios. Escapo del trueno y doy en el relámpago, porque el ciego era un ángel comparado con este.

Tenía un arca vieja y cerrada con llave que llevaba siempre colgada al cuello. Todas las cosas de comer, pan, cerdo, salchichas, patatas, etcétera, iban a parar al arca. Solamente había unas cebollas en una habitación bajo llave. Mi ración era una cada cuatro días, y me moría de hambre.

Conmigo tenía poca caridad, pero él se comía buenas chuletas de carne para comer y cenar, mientras que a mí me daba un poco del caldo y un pedazo de pan.

Los sábados me mandaba a comprar cabezas de cordero y después de comérselas, a mí me daba los huesos diciéndome:

—Toma, come y hártate, que para ti es el mundo. Tienes mejor vida que el Papa.

—Maldito seas —decía yo en voz baja.

Al cabo de tres semanas, estaba tan débil que no me tenía en pie de pura hambre. No sabía cómo engañarle, pues este, a diferencia del ciego, tenía una vista agudísima. Durante la misa, controlaba y registraba todas las monedas que la gente daba y no he conseguido robarle una durante el tiempo que he vivido con él, o mejor dicho, he muerto.

Y para ocultar su gran mezquindad me decía:

—Mira, mozo, los sacerdotes tienen que ser muy sobrios en el comer y el beber.

Pero el miserable mentía porque en los funerales donde íbamos a rezar comía como lobo y bebía como nadie.

Era la única ocasión en que también yo comía y me hartaba. Que Dios me perdone por haber deseado la muerte de alguien, pero con su muerte, yo resucitaba, porque podía comer de lo que los familiares del difunto me daban. Y si no se moría nadie, me moría yo.

Más de una vez he pensado en abandonar a mi amo, pero no lo he hecho por dos razones: la primera porque casi no podía caminar de la debilidad que de pura hambre me venía; y la segunda porque de los dos amos, el ciego me tenía muerto de hambre, y encontrando a este otro, me estaba llevando a la sepultura. ¿Qué me puede pasar si encuentro a otro peor sino morir?

Estando en esta condición y sin saber bien qué hacer, un día que mi miserable amo estaba fuera, llega a mi puerta un cerrajero, que creo que era un ángel enviado por Dios.

—¿Tienes algo que arreglar? —me dice.

—Tío, he perdido una llave, mira si tienes una que me puede servir.

El cerrajero empieza a probar una y otra de las muchas que llevaba, y finalmente consigue abrir el arca que estaba llena de todo bien de Dios.

—Yo no tengo dinero para pagarte la llave, puedes coger algo del arca como pago.

Se coge unas salchichas y después me da la llave, pero yo no abro el arca.

Un día que el malvado de mi amo estaba fuera, abro mi paraíso de panes, saco uno, y en menos que canta un gallo lo hago invisible, sin olvidarme de cerrar el arca. Y comienzo a barrer la casa con mucha alegría, pareciéndome haber mejorado mi triste vida.

Pero no dura mucho, porque al cabo de tres días, veo al que me mataba de hambre volviendo y revolviendo, contando y volviendo a contar los panes. Yo disimulaba y en mi secreta oración y plegarias decía: «¡San Juan, ciégalo!».

Después de mucho tiempo que estaba contando dice:

—Creo que faltan panes, así que de ahora en adelante quiero llevar bien las cuentas; quedan nueve panes y medio.

«¡Que Dios te maldiga!» digo yo entre mí.

Me toca volver a la dieta pasada. Para consolarme, abro el arca con los panes y empiezo a adorarlos. Los cuento para ver si el amo se ha equivocado pero los ha contado bien. Lo único que hago es dar mil besos a los panes y comer un poco del que estaba partido, con el cual paso el resto del día.

Después de leer

Comprensión lectora y auditiva

1 Marca con una ✗ si las afirmaciones son verdaderas (V) o falsas (F).

		V	F
1	El clérigo era peor que el ciego.	☐	☐
2	Llevaba la llave del arca en el bolsillo.	☐	☐
3	Las cebollas estaban en una habitación abierta.	☐	☐
4	En los funerales, Lázaro comía mucho.	☐	☐
5	Lázaro conocía al cerrajero.	☐	☐
6	El clérigo se equivoca al contar los panes.	☐	☐
7	Los sábados, Lázaro iba a comprar carne.	☐	☐

2 Escucha esta parte del capítulo 3 y marca con una ✗ la opción correcta.

1 En los funerales donde iban, el clérigo
   a ☐ predicaba.
   b ☐ comía mucho.
   c ☐ consolaba a los parientes.

2 El Lazarillo no abandona a su amo porque
   a ☐ no tiene donde ir.
   b ☐ le da pena.
   c ☐ está muy débil por el hambre.

3 Cuando el cerrajero llega a la casa del amo, Lazarillo
   a ☐ no estaba en casa.
   b ☐ estaba solo.
   c ☐ estaba en casa con el clérigo.

4 El Lazarillo paga al cerrajero
   a ☐ con alimentos.
   b ☐ con dinero.
   c ☐ con un pedazo de pan.

5 Apenas el Lazarillo tiene la llave

a ☐ abre el arca inmediatamente.

b ☐ se la mete en el bolsillo.

c ☐ no abre el arca.

Léxico

3 **Crucigrama.**

Horizontales

1 Lázaro está siempre muerto de ....

2 Escapar del trueno y dar en el ....

3 El único momento donde Lázaro comía hasta hartarse.

4 El arca se cierra con una ....

5 El cerrajero coge unas salchichas como ....

6 Así se llama el que sirve a su amo.

Verticales

1 Le da la llave al Lazarillo.

2 Los contaba siempre el clérigo.

3 Sitio donde el clérigo metía las provisiones.

4 Es el amo del Lazarillo.

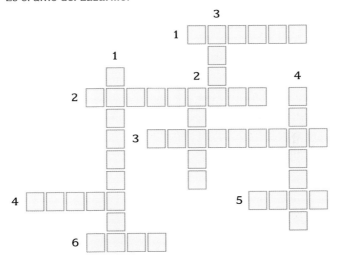

Gramática

4 Completa las frases eligiendo la opción correcta.

1 El protagonista escapa del trueno y .... el relámpago.

a ☐ dio con   b ☐ ha dado con   c ☐ da en

2 —Mira, mozo los sacerdotes .... que ser muy sobrios en el comer y el beber.

a ☐ deben   b ☐ tienen   c ☐ han

3 El Lazarillo piensa en abandonar a .... amo.

a ☐ suyo   b ☐ el su   c ☐ su

4 El cerrajero .... a probar una y otra de las llaves.

a ☐ empeza   b ☐ empieza   c ☐ empiezan

5 El Lazarillo dice al cerrajero que no .... dinero para pagarle la llave.

a ☐ tiengo   b ☐ tengo   c ☐ tiene

6 El Lazarillo cuenta los panes para ver si el amo se ....

a ☐ ha equivocado   b ☐ es equivocado   c ☐ equivocado

Expresión escrita

5 Un amigo tuyo va a comer a tu casa. No están tus padres. Ayudándote con las palabras del recuadro, describe la comida que vas a prepararle (entre 80 y 100 palabras).

> arroz   verdura   fruta   naranja   manzana   pan   agua
> zumo   salsa   café   carne   tortilla   pescado

De primero: ....
....
De segundo: ....
....
De postre: ....
....
De beber: ....
....

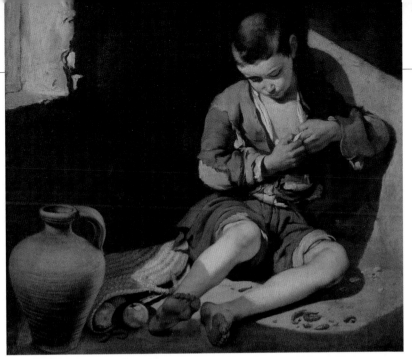

Joven mendigo de Bartolomé Esteban Pérez Murillo (1645-1655).

La novela picaresca

La novela picaresca nace en el siglo XVI, el Siglo de Oro de la literatura española. Es una corriente «realista» o mejor «verídica» que se aleja de la corriente «idealista» de su tiempo con sus novelas de caballería, sentimentales y de aventuras.

Respecto a las novelas tradicionales, la novedad de la picaresca es que la vida no es solo el milagro, la relación directa con la divinidad, el heroísmo, sino también la rutina monótona de cada día, las dificultades de todos los momentos, la incomodidad de la ciudad donde vivimos y de las gentes que tratamos con sus defectos y manías.

Después del anónimo *Lazarillo*, en 1554, la novela picaresca atraviesa un periodo de apoteosis con el *Guzmán de Alfarache* de Mateo

Escena de la película *Las aventuras y los amores de Lázaro de Tormes* (2001),
bajo la dirección de Fernando Fernán Gómez y José Luis García Sánchez.

Alemán, y termina con *La vida del Buscón Don Pablo* de Francisco de
Quevedo.

Podemos decir que de la novela picaresca y del *Don Quijote de la
Mancha*, de Miguel de Cervantes, nacerá lo que nosotros
consideramos actualmente la novela moderna.

Todas las novelas picarescas comparten una serie de caracteres
comunes que pueden resumirse del siguiente modo:

Forma autobiográfica. El protagonista, el personaje central, es el
pícaro, que viene a ser un miserable, ladrón, mendigo, mal vestido.
Es de una categoría social que procede de los bajos fondos. Frente
al héroe idealizado del libro de caballerías, aparece aquí un
antihéroe que ha de luchar por la supervivencia. Su
comportamiento está marcado por el engaño, la astucia, la trampa

ingeniosa. Vive fuera de los códigos de honra y honor propios de las clases altas de la sociedad de su época, es un marginado social. Todo el relato está enfocado desde un único punto de vista: el del pícaro, que nos da su versión personal y unilateral de los hechos. El autor se sirve de un personaje ficticio para exponer con más libertad sus propias ideas.

Orígenes pobres y deshonrosos. El protagonista aparece como víctima inocente de faltas que no ha cometido. Sus padres pertenecen a los estratos más bajos de la sociedad. El pícaro carga con una herencia muy mala, es como un pecado original. Desde el primer momento nos habla de su ascendencia familiar para justificar su conducta.

Sátira social. La novela picaresca presenta la cara mala de una sociedad en la que el protagonista se siente marginado. Su condición de mozo o criado de muchos amos le permite conocer a personajes pertenecientes a las clases sociales más representativas y mostrarnos su tacañería y bajeza. El carácter itinerante del relato (Lázaro se mueve continuamente de un sitio a otro) amplía el número de posibilidades y facilita la crítica.

Doble temporalidad. El pícaro aparece en la novela como autor y como actor. Como autor se sitúa en un tiempo presente que mira hacia su pasado y narra una acción que ya conoce con anticipación.

Estructura abierta. La figura del pícaro es lo único que da coherencia al relato. Este se compone de una serie de escenas aisladas en las que intervienen personajes diversos y que se desarrollan en distintos lugares. Estas escenas quedan unidas solamente por la presencia del protagonista. Las numerosas aventuras que se narran pueden prolongarse o acortarse a voluntad; siempre es posible intercalar una nueva aventura o, por el contrario, suprimirla.

Intención moralizante. Cada novela picaresca viene a ser un gran ejemplo de conducta aberrante que sistemáticamente es castigada. Se narra la conducta equivocada de un individuo y finalmente es castigado o se arrepiente.

Personalidad del pícaro. Son factores esenciales la astucia y el ingenio que le permiten sobrevivir en circunstancias adversas. Muchos de los personajes son ladrones, avaros, tramposos... pero difícilmente llegan al homicidio. A pesar de que el pícaro es un marginado que mira a la sociedad con desprecio e ironía, aspira a un ascenso social que invariablemente le viene negado.

Comprensión lectora

1 Marca con una X si las afirmaciones son verdaderas (V) o falsas (F).

		V	F
1	El género de la novela picaresca es idealista.	☐	☐
2	El pícaro es un personaje heroico.	☐	☐
3	El protagonista es un marginado social.	☐	☐
4	La acción se realiza en un solo sitio bien determinado.	☐	☐
5	Lo que une las escenas del relato es la presencia del pícaro.	☐	☐
6	Para conseguir sus propósitos, el pícaro se muestra bueno y educado.	☐	☐
7	El engaño, la ironía y la burla son las cualidades principales del pícaro.	☐	☐
8	Casi todos los pícaros son también asesinos.	☐	☐

Antes de leer

Léxico

1 Las palabras siguientes se utilizan en el capítulo 4. Asocia cada palabra a la foto correspondiente y comprueba tus respuestas a lo largo del texto.

colchón	mosquito	clavo	culebra

1 ....

2 ....

3 ....

4 ....

2 Las palabras siguientes se utilizan en el capítulo 4. Asocia cada palabra a la definición correspondiente y comprueba tus respuestas a lo largo del texto.

a trampa **b** silbar **c** roer **d** desmigajar

1 ☐ Deshacer el pan en migas.
2 ☐ Dispositivo o mecanismo para cazar, en el que la presa cae por engaño.
3 ☐ Sonido que produce el aire al pasar por un sitio estrecho.
4 ☐ Cortar algo superficialmente con los dientes.

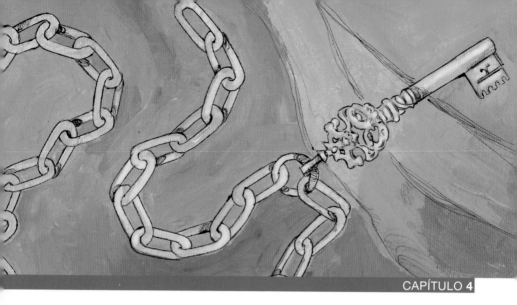

El clérigo descubre al ratón

Paso los días abriendo y cerrando el arca, contemplando los panes y muerto de hambre, sin poder tocarlos. Pero Dios, que socorre a los afligidos, viéndome en aquel estado me trae a mi memoria un pequeño remedio: el arca es vieja con la madera medio podrida y está rota por algunas partes. El malvado clérigo puede pensar que los ratones entran y roen el pan. Sacarlo entero no es conveniente porque puede sospechar.

Comienzo a desmigajar tres o cuatro panes y a comer.

Cuando llega mi amo, mira el arca y ve los agujeros por donde sospecha que entran los ratones. Me llama y me dice:

—¡Lázaro! ¡Mira, mira, alguien ha venido esta noche por nuestro pan.

Yo, haciéndome muy sorprendido le pregunto qué puede ser.

—¡Qué ha de ser! —dice—, los ratones, que no dejan nada con vida.

Nos ponemos a comer y mi amo empieza a quitar con un cuchillo todo lo que pensaba habían roído los ratones diciéndome:

—Come eso, que el ratón es cosa limpia.

Así que ese día como ración doble.

Luego, mi amo empieza a quitar clavos de las paredes y a buscar tablillas con las que clava y cierra todos los agujeros de la vieja arca. Una vez acabada la obra dice:

—Ahora, señores ratones, os conviene cambiar de casa, que en esta arca ya no podéis entrar.

Cuando sale de casa voy al arca y veo que no ha dejado ni un solo agujero, ni siquiera un mosquito podía entrar.

Dicen que el hambre agudiza la inteligencia, así que una noche que mi amo estaba durmiendo, me levanto silencioso, voy a la vieja arca y empiezo a hacerle un agujero con un cuchillo en un lado. Saco medio pan, me lo como y vuelvo a mi cama contento.

Mi amo, al ver el daño del pan y del agujero, exclama:

—¿Qué pasa? ¡No había ratones en esta casa y ahora está llena!

Tapa otra vez los agujeros, pero yo, por la noche, destapaba los que él tapaba.

Cuando ve que su remedio no sirve de nada dice:

—Esta arca tiene la madera tan vieja que cualquier ratón puede entrar. El mejor remedio que encuentro es ponerles trampas por dentro a esos malditos.

Pide prestada una ratonera y con pedazos de queso monta la trampa. Esto supone para mí un singular auxilio, pues el queso que ponía a los ratones me lo comía yo.

Como mi amo encuentra el pan roído y el queso comido, pregunta a los vecinos por qué el ratón no cae en la trampa. Y uno de ellos le dice que seguramente es una culebra la causa de todo.

Todos están de acuerdo con esta explicación y desde ese día, mi amo duerme con un bastón y cuando oye el más mínimo ruido, pensando que es la culebra, se levanta y empieza a dar golpes en el arca para espantarla. Con el ruido despierta a los vecinos y a mí no me deja dormir. Luego viene donde yo duermo para ver si la culebra se esconde en mi cama, pero yo me hago el dormido.

A la mañana siguiente me dice:

—¿No has oído nada esta noche? He buscado la culebra en tu cama porque dicen que son muy frías y buscan calor.

—Ruego a Dios que no me muerda —le digo— que le tengo mucho miedo.

Toda la noche está levantado mi amo, sin dormir y vigilando, y yo no oso ir al arca. Pero de día, cuando él no está, la visito con frecuencia.

Con toda esta tensión tengo miedo porque puede descubrir mi llave que escondo debajo del colchón, y decido meterla en mi boca por la noche.

Y aquí empieza mi desgracia. Una noche, estoy durmiendo con la boca abierta, y el aire que respiro se mete por el hueco de la llave y empieza a silbar muy fuerte. Mi amo, que lo oye, cree que es el silbido de la culebra. Se levanta y se acerca a mí con el bastón en la mano. Pensando que la culebra se esconde en mi cama, levanta el palo y, con toda su fuerza, me descarga en la cabeza un golpe tan grande que me hace perder el sentido, quedando con la cabeza rota. Me llama a grandes voces para despertarme y cuando me toca, siente la mucha sangre que corre

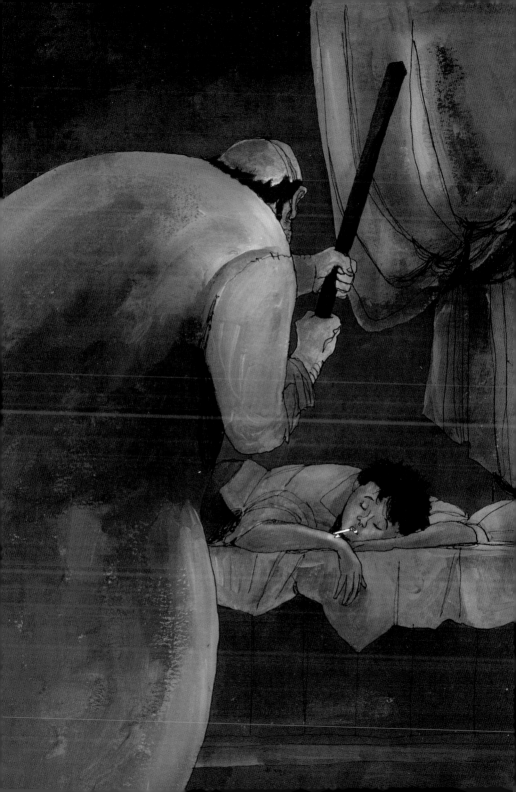

por mi cabeza. Se da cuenta del daño que me ha hecho y, con mucha prisa, enciende una vela para iluminar. Cuando se acerca me ve todo lleno de sangre, todavía con la llave en la boca. Sorprendido la mira, la coge y ve que es idéntica a la suya. Va a probarla en el arca y se abre. Entonces dice así el cruel cazador:

—He descubierto al ratón y a la culebra que me daban guerra y se comían mis panes.

A todos los que venían allí les contaba lo que había pasado.

Después de quince días me curé de todas mis heridas y cuando me levanté, mi amo me sacó a la puerta diciéndome:

—Lázaro, de hoy en adelante eres tuyo y no mío. Busca otro amo que no quiero en mi compañía un servidor como tú.

Y haciendo la señal de la cruz, considerándome un endemoniado, se mete en casa y cierra su puerta.

Poco a poco, con la ayuda de las buenas gentes, llego a la ciudad de Toledo. Mientras estaba malo, siempre me daban alguna limosna, pero cuando ya estaba bien todos me decían:

—Vamos, bellaco y vago[1], busca un amo a quien servir.

---

1. **vago**: que no le gusta trabajar o hacer esfuerzos.

Después de leer

Comprensión lectora

1 Forma frases uniendo los elementos de las dos columnas.

1 El clérigo es	a vieja.
2 El amo cierra los agujeros del arca	b malvado.
3 El arca es muy	c un mosquito.
4 Los ratones entran por los	d con clavos y tablillas.
5 En el arca no podía entrar ni	e una candela.
6 Para acabar con los ratones les pone	f limosna.
7 El amo duerme siempre con un	g agujeros.
8 Lázaro esconde su llave debajo del	h bastón.
9 Cuando Lázaro está malo la gente le da	i trampas.
10 Para iluminar, el amo enciende	j colchón.

2 Completa las frases con las palabras del recuadro.

> se curó   buscan   con frecuencia   está   mete   visita
> limosna   levanta   acerca   tiene

1 Dicen que las culebras son muy frías y .... calor.

2 El Lazarillo .... mucho miedo a las culebras.

3 Durante el día, cuando el amo no ...., el Lazarillo
.... el arca con frecuencia.

4 Por la noche, Lázaro .... la llave en su boca.

5 Al oír el silbido, el amo se .... y se .... al Lazarillo
con el bastón en la mano.

6 Después de quince días el Lazarillo .... de todas sus
heridas.

7 Mientras el Lazarillo estaba enfermo, la gente siempre le daba
alguna ....

8 El Lazarillo visita el arca ...., cuando su amo no está.

Gramática

3 **Elige entre el verbo *ser* o *estar*.**

1 El arca .... vieja y la madera .... rota.
2 Todos los vecinos .... de acuerdo con la explicación de la culebra.
3 Toda la noche .... levantado el amo.
4 Cuando el clérigo no ...., Lázaro visita el arca con frecuencia.
5 El clérigo coge la llave y ve que .... idéntica a la suya.
6 Mientras Lázaro .... malo siempre la gente le daba alguna limosna.
7 El clérigo .... muy enfadado con los ratones.

4 **Completa las frases con las preposiciones del recuadro.**

desde	a	sin	con (x3)	por	en	para	de

1 Lázaro contempla los panes y se muere de hambre .... poder tocarlos.
2 El arca es vieja .... la madera medio podrida.
3 El amo mira el arca y ve los agujeros .... donde sospecha que entran los ratones.
4 El clérigo empieza a quitar clavos .... las paredes.
5 Los ratones ya no pueden entrar .... el arca.
6 El Lazarillo hace un agujero a la vieja arca .... un cuchillo.
7 El amo monta la trampa y esto supone .... Lázaro un auxilio.
8 Todos los vecinos están de acuerdo con la explicación y .... ese día el amo duerme .... un bastón.
9 El clérigo mira la llave y ve que es idéntica .... la suya.

Léxico

5 **Busca en el capítulo las palabras contrarias a las siguientes.**

1 lleva ....
2 salen ....
3 meterlo ....
4 nadie ....
5 día ....
6 algo ....
7 sucia ....
8 rumoroso ....
9 vacía ....
10 peor ....
11 fuera ....
12 se aleja ....

DELE **6** ¿En qué situación dirías las siguientes expresiones?

1 —El lunes estoy libre de una a tres; si quieres comemos.
Tú...

a ☐ comes a la una.

b ☐ trabajas de una a tres.

c ☐ propones una cita.

2 —¡Qué bien que estés aquí!
Tú .... a un amigo.

a ☐ despides

b ☐ das la bienvenida

c ☐ felicitas

3 —¡Ayer vi un partido estupendo en el estadio Maracaná.
Tú hablas de...

a ☐ fútbol.

b ☐ atletismo.

c ☐ ciclismo.

4 —Disculpe, ¿podría decirme dónde hay un supermercado?
Tú estás pidiendo...

a ☐ consejo.

b ☐ información.

c ☐ disculpas.

5 —No te preocupes, todo se va a solucionar muy pronto.
Tu amigo...

a ☐ está resolviendo un problema.

b ☐ tiene un problema.

c ☐ ha dormido poco.

Antes de leer

Léxico

1 Las palabras siguientes se utilizan en el capítulo 5. Asocia cada palabra a la foto y a la definición correspondiente y comprueba tus respuestas a lo largo del texto.

berza   acero   toalla   capa

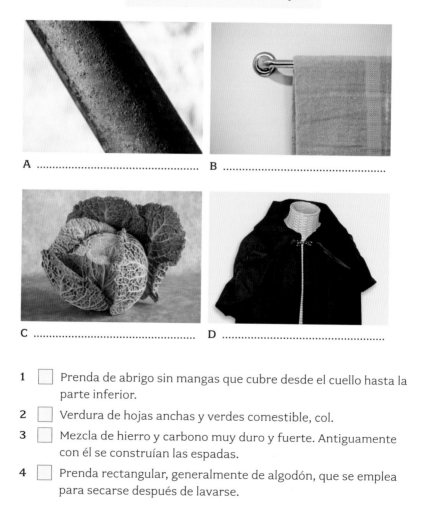

A ....   B ....

C ....   D ....

1 ☐ Prenda de abrigo sin mangas que cubre desde el cuello hasta la parte inferior.

2 ☐ Verdura de hojas anchas y verdes comestible, col.

3 ☐ Mezcla de hierro y carbono muy duro y fuerte. Antiguamente con él se construían las espadas.

4 ☐ Prenda rectangular, generalmente de algodón, que se emplea para secarse después de lavarse.

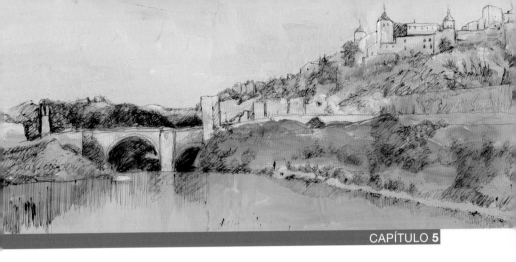

El escudero

Iba pidiendo de puerta en puerta cuando me encuentro con un escudero bien vestido, bien peinado y ordenado. Nos miramos y me dice:

—Muchacho, ¿buscas amo?

—Sí, señor —le digo.

—Pues vente conmigo, que Dios te ha hecho la gracia de encontrarme.

Decido seguirle, dando gracias a Dios porque, como vestía muy bien, me parecía ser un buen amo para mí.

Pasamos toda la mañana en la plaza donde se vende pan y otros alimentos, pero pasamos de largo sin comprar nada. A las once entramos en la iglesia mayor a oír misa.

Salimos de la iglesia y bajamos por una calle hasta que llegamos a su casa cuando el reloj daba la una después de mediodía. Entramos, se quita su capa y nos sentamos. Empieza a hacerme toda clase de preguntas: de dónde soy, cómo he venido a esta ciudad, etc. Pero yo tenía más ganas de comer que de

responder a sus preguntas. Ya eran las dos y no se hablaba de comer. Mala señal. Todo lo que veía eran paredes desnudas, no había sillas, ni bancos, ni mesas, ni un arca como la de mi amo el clérigo. Parecía una casa encantada. Finalmente me dice:

—Tú, mozo, ¿has comido?

—No, señor —digo yo—, que todavía no eran las ocho cuando nos hemos encontrado.

—Pues yo ya he desayunado, y cuando hago esto, ya no como nada hasta la noche. Espera un poco que después cenaremos.

Cuando oigo esto, casi me desmayo, no tanto de hambre sino por conocer mi mala suerte. Empiezo a llorar mi trabajosa vida pasada y mi cercana muerte futura. Pero, disimulando lo mejor que puedo, le digo:

—Señor, soy un mozo a quien no me importa mucho comer, y eso lo saben los amos que he tenido.

—Esa es una virtud —dice él— y por eso yo te quiero más. Porque comer mucho es de puercos y comer lo necesario es de hombres de bien.

«¡Bien te he entendido!» digo entre mí.

Entonces saco unos pedazos de pan que me quedaban de la limosna. Él que los ve me dice:

—Ven aquí, mozo, ¿qué comes?

Voy hacia él y le enseño el pan. Toma uno de los tres pedazos, el mejor y más grande y me dice:

—Por mi vida, que parece este buen pan.

Y llevándolo a la boca, empieza a dar en él tan fieros bocados como yo en el otro.

—Es un pan sabrosísimo —dice—, por Dios.

Entiendo de qué pie cojea y me doy prisa, porque si acaba antes que yo se va a comer lo que queda. Acabamos al mismo tiempo.

Luego, mi amo trae un jarro y después de beber, me lo ofrece a mí, que por no darle importancia le digo:

—Señor, no bebo vino.

—Es agua —me responde—, bien puedes beber.

Tomo el jarro y bebo pero no mucho porque mi angustia no era de sed.

Pasamos la tarde hablando de cosas que me preguntaba, hasta la noche. Le ayudo a hacer la cama y me dice:

—Lázaro, ya es tarde y la plaza está lejos y hay muchos ladrones por la calle, así que vamos a esperar hasta mañana y Dios dirá.

—Señor —le digo—, no se preocupe por mí, que sé pasar una noche y aun más si es necesario, sin comer.

—Vivirás más y más sano —me responde—, porque no hay nada en el mundo para vivir mucho que comer poco.

«Si es por esto —digo entre mí— yo no moriré, que siempre he cumplido esa regla por fuerza.»

Se acuesta en la cama y yo a sus pies y con mis trabajos, males y hambre no consigo dormir en toda la noche. No oso moverme para no despertarlo y maldiciéndome mil veces le pido a Dios la muerte.

A la mañana siguiente se levanta, se viste despacio, se pone su capa y su espada y me dice:

—¿Has visto qué pieza de acero es esta? Con ella puedo cortar un hilo de lana.

Yo digo entre mí: «Y yo con mis dientes, aunque no son de acero, puedo cortar un pan de tres kilos».

Con paso tranquilo y el cuerpo derecho sale por la puerta diciendo:

—Lázaro, cuida de la casa en tanto que voy a oír misa, haz la cama y ve por el jarro de agua al río que está aquí cerca y cierra con llave porque pueden robarnos algo.

Se va por la calle arriba tan elegante y caminando con la cabeza alta, que parece un pariente del rey. La gente, al verlo tan contento y bien vestido, seguramente pensará que esta noche pasada ha cenado y ha dormido bien y que ahora que es de mañana ha desayunado muy bien.

¿Quién va a pensar que ese gentil hombre se pasó todo el día sin comer con solo aquel trozo de pan que le dio su criado Lázaro, y que lavándose la cara y las manos se las secaba con una camisa vieja porque no tenía toallas?

¡Oh, Señor, cuántos de estos hay por el mundo que padecen y sufren únicamente por salvaguardar la honra [1]!

Entro en casa, hago la dura cama, tomo el jarro y voy al río, donde veo a mi amo hablando dulcemente con dos mujeres. Después de un rato, ellas toman confianza y le dicen si puede invitarlas a comer. Mi amo, que no tenía ni una miserable moneda, se pone blanco de la vergüenza sin saber qué decir, poniendo excusas poco convincentes. Ellas, que eran muy listas, lo dejan allí y se van.

Yo, que estaba desayunando unas berzas, sin ser visto de mi amo, vuelvo a casa. Quiero barrer un poco pero no hay una escoba. Decido esperar a mi amo, pero como a las dos no volvía y yo me moría de hambre, cierro la puerta y salgo a mendigar.

Con voz baja y enferma empiezo a pedir por las puertas y casas. Y aunque en este pueblo eran muy tacaños, todo lo que con el gran maestro el ciego he aprendido da sus frutos y, como buen discípulo, antes de las cuatro ya me he comido un pan y guardo muchos pedazos en los bolsillos. Pasando por una tripería, una mujer me da una pata de vaca y unas tripas cocidas.

---

1. **honra**: dignidad, honor cavalleresco.

Después de leer

Comprensión lectora y auditiva

1 Marca con una ✗ si las afirmaciones son verdaderas (V) o falsas (F). Justifica tus respuestas.

		V	F
1	El escudero viste muy bien.	☐	☐
	....		
2	Lázaro y el escudero oyen misa a las doce.	☐	☐
	....		
3	Cuando llegan a casa se sientan en una silla.	☐	☐
	....		
4	El Lazarillo bebe el vino que le da su amo.	☐	☐
	....		
5	Lo único que importa al escudero es su honra.	☐	☐
	....		
6	Lazarillo limpia la casa con una escoba.	☐	☐
	....		
7	El escudero compra una pata de vaca y tripas.	☐	☐
	....		
8	Dice el Lazarillo que para vivir más y más sano hay que comer poco.	☐	☐
	....		
9	Como el amo no llega, Lazarillo sale a pedir limosna.	☐	☐
	....		

2 Escucha el principio del capítulo 5 y responde a las preguntas.

1 ¿Qué hacía el Lazarillo cuando encuentra a su amo por primera vez?
2 ¿Por qué el Lazarillo decide seguirle?
3 ¿Qué compran en la plaza Lázaro y su amo?
4 ¿A qué hora van a oír misa?
5 ¿A qué hora llegan a casa del escudero?
6 ¿Qué hace el escudero cuando entran en casa?
7 ¿Qué había en las paredes de la casa?
8 ¿Cuántas sillas había en la casa?

El pretérito perfecto

El pretérito perfecto se forma con el presente de indicativo del verbo auxiliar **haber**, más el participio del verbo conjugado.

yo	he	
tú	has	hablado
él, ella, usted	ha	tenido
nosotros/as	hemos	comido
vosotros/as	habéis	
ellos, ellas, ustedes	han	

El participio se forma añadiendo estas terminaciones al infinitivo:

amar	comer	salir
am -**ado**	com -**ido**	sal -**ido**

Algunos son irregulares:

hacer → **hecho**   decir → **dicho**   ver → **visto**

Tú, mozo, ¿has comido?
*Dios te **ha hecho** la gracia de encontrarme.*

Gramática

3 **Completa las frases conjugando los verbos entre paréntesis en pretérito perfecto.**

1 —Ven conmigo, Lazarillo, que Dios te (*hacer*) .... la gracia de encontrarme.

2 El amo ya (*desayunar*) ...., y cuando hace eso, ya no come nada hasta la noche.

3 El Lazarillo dice que no se morirá porque siempre (*cumplir*) .... esa regla por fuerza.

4 —¿(*Ver*) ...., tú qué pieza de acero es esta?

5 Todo lo que el Lazarillo (*aprender*) .... con el gran maestro el ciego da sus frutos.

6 Antes de las cuatro el Lazarillo ya se (*comer*) .... un pan y guarda muchos pedazos en los bolsillos.

Léxico

DELE **4** En cada frase hay una palabra en negrita que no es adecuada. Sustitúyela por alguna de las palabras siguientes.

a muy   **b** al   **c** decir   **d** hay   **e** buen   **f** en   **g** voy   **h** mucho

1 ☐ Me parecía ser un **bueno** amo para mí.
2 ☐ Pasamos toda la mañana **a** la plaza donde venden pan.
3 ☐ Comer **más** es de puercos y comer lo necesario es de hombres de bien.
4 ☐ **Vengo** hacia mi amo y le enseño el pan.
5 ☐ En la plaza **están** muchos ladrones.
6 ☐ Lázaro quiere **dir** a su amo que sabe pasar una noche sin comer.
7 ☐ La gente pensará que ha desayunado **mucho** bien.
8 ☐ Lázaro entra en casa, toma el jarro y va **en el** río.

5 Corrige las frases utilizando las palabras del recuadro.

> lástima   divertida   desagradable   exquisitas   charlando

1 Esta novela es muy aburrida. Nos reímos mucho.
....

2 Lázaro tiene un amo encantador. Es muy antipático con todos.
....

3 El Lazarillo tiene hambre y se está comiendo unas tripas pésimas.
....

4 El escudero me ha contado toda su vida. Se ha pasado dos horas callado.
....

5 Mi amo me ha dicho que ha desayunado. ¡Qué alegría que no he desayunado yo también!
....

Expresión escrita

6 El Lazarillo desayuna berzas. Escribe en qué consiste tu desayuno ayudándote con las palabras del recuadro.

> leche   café   té   pan tostado   galletas   mantequilla   azúcar
> mermelada   zumo de naranja   huevos   cereales   yogur

►►► PROYECTO **INTERNET** ◄◄◄

La ONCE

Sigue las instrucciones de la página 24 para encontrar los sitios que te proponemos.

Contesta a las siguientes preguntas.

1 ¿Qué significa la sigla ONCE?
2 ¿Cuál es la misión de esta organización?
3 ¿Cómo se financia la ONCE?
4 ¿Cuál es la razón de ser de la ONCE?
5 ¿Cuántos empleos genera esta organización?
6 ¿Cuántas personas ciegas y discapacitadas visuales españolas agrupa?
7 ¿Puede un italiano o un francés pertenecer a la ONCE?
8 ¿Sabes qué medios utilizan los ciegos para la orientación y movilidad?
9 ¿Puede un perro-lazarillo entrar en un local público?
10 ¿Cómo hace un ciego para leer y escribir?
11 ¿Sabes si en tu país existe una organización parecida a la ONCE?

Lazarillo le da de comer al escudero

Al llegar a casa, ya el bueno de mi amo estaba allí 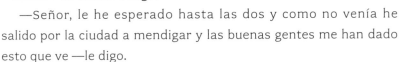 paseándose por el patio. Cuando entro, me pregunta de dónde vengo.

—Señor, le he esperado hasta las dos y como no venía he salido por la ciudad a mendigar y las buenas gentes me han dado esto que ve —le digo.

—Pues yo —dice él— te he esperado para comer y como no venías he comido. Ahora come, pecador, que si Dios quiere, pronto nos veremos libres de necesidad.

Me siento y empiezo a cenar y morder tripas y pan, y disimuladamente miro al pobrecito de mi señor que no me quitaba sus ojos de mi camisa que, extendida en el suelo, me servía de plato. Me daba lástima porque sé lo que se siente cuando se tiene hambre. Me gustaría invitarle, pero como me ha dicho que ya ha comido, no lo hago.

En cuanto empiezo a comer, se acerca y me dice:

—Tengo que decirte Lázaro, que tienes en comer la mejor gracia que he visto en mi vida y, aunque no tengo apetito, me vienen ganas de comer a mí también.

—Señor, este pan está sabrosísimo y esta uña de vaca tan bien cocida tiene un sabor exquisito.

—¿Uña de vaca es?

—Sí, señor.

—Te digo que es la comida más buena del mundo y que no hay nada mejor.

—Pues coma, señor, y verá cómo está.

Le doy uña de vaca y tres o cuatro raciones del pan más blanco y empieza a comer y a roer cada hueso mejor que un perro.

Bebemos el agua del jarro y muy contentos, nos vamos a dormir.

Pasamos así ocho o diez días: él se iba por las mañanas muy contento y elegante a comer aire, y yo a pedir limosna. Veía mi desgracia, pues escapando de los amos malvados ahora estaba con uno que no solo no me mantenía, sino que era yo quien tenía que mantenerlo.

A pesar de todo le quería bien y me daba pena, pues sabía que no tenía ni una miserable moneda.

«Este —decía yo— es pobre y nadie da lo que no tiene, pero el avaro ciego y el mezquino clérigo me mataban de hambre y por eso nunca los he querido.»

En este tiempo, el Ayuntamiento acordó que todos los pobres forasteros debían irse de la ciudad, y si no lo hacían los iban a castigar con azotes. Yo tenía miedo de salir. ¡Qué tristeza y qué silencio en la casa! Pasamos dos o tres días sin comer. Tenía tanta

tristeza de mí como de mi amo, que en ocho días no comió nada.

Estando en esta afligida y hambrienta situación, un día, no sé cómo, llega a casa con un real [1], que a él le parecía un tesoro y muy alegre me dice:

—Toma, Lázaro, que Dios va abriendo la mano. Ve a la plaza y compra pan, vino y carne. Te hago saber además, que he alquilado otra casa y en esta desastrada no estaremos más de un mes. ¡Maldita la casa y el que ha puesto la primera piedra! Desde que vivo aquí, no he bebido vino ni comido carne, ni he tenido tranquilidad. Mira qué mala vista tiene, qué oscuridad y qué tristeza. Ve y vuelve pronto que hoy vamos a comer como marqueses.

Muy contento y alegre, tomo mi real y jarro y voy para la plaza a comprar. Pero parece que ninguna alegría me viene sin tristeza, porque me salen al encuentro muchos clérigos y gente llevando un muerto en una caja. Detrás iban otras mujeres y una vestida de luto, que debía de ser la mujer del difunto, iba llorando y diciendo a grandes voces:

—Marido y señor mío, ¿adónde te llevan? ¡A la casa triste y desgraciada, a la casa tenebrosa y oscura, a la casa donde nunca comen ni beben!

Yo que oigo aquello, lleno de terror, digo:

—¡Oh desgraciado de mí! Para mi casa llevan este muerto.

Vuelvo a casa corriendo, y entrando cierro la puerta a toda prisa invocando el auxilio de mi amo, y abrazándolo me dice:

—¿Qué pasa, mozo? ¿Por qué gritas? ¿Qué tienes? ¿Por qué cierras la puerta con tanta furia?

—¡Oh señor —digo yo—, ayúdeme que nos traen un muerto!

---

1. **real**: antigua moneda española de muy poco valor.

—Pero, ¿qué dices?

—Aquí cerca lo he encontrado y su mujer venía diciendo: «¡Marido y señor mío, ¿adónde te llevan? ¡A la casa triste y desgraciada, a la casa tenebrosa y oscura, a la casa donde nunca comen ni beben!».

Al oír esto, mi amo se echa a reír sin poder hablar por un buen rato, y me dice:

—Es cierto, Lázaro: según lo que dice la viuda, tienes razón en pensar lo que piensas, pero ya ves que pasan adelante con su muerto sin entrar aquí.

Al fin, mi amo abre la puerta y voy a comprar a la plaza. Ese día comemos muy bien, pero yo todavía tenía miedo del muerto.

Pasé algunos días más con mi amo escudero y me contó algo de su vida. Había nacido cerca de Valladolid, y había abandonado su tierra porque un caballero vecino suyo no se había quitado el sombrero para saludarlo, lo cual era una deshonra para él.

Estando en esto, entran por la puerta un hombre y una vieja. El hombre le pide el alquiler de la casa y la vieja el de la cama. Mi amo les dice que tiene que ir a la plaza para cambiar dinero y pagarles. Ellos esperan hasta la noche pero nunca más volvió.

De este modo me dejó mi pobre tercer amo.

Después de leer

Comprensión lectora

1 **Marca con una X la opción correcta.**

1 Como su amo no venía, el Lazarillo
   a ☐ sale a dar un paseo.
   b ☐ se pone a mendigar.
   c ☐ se va a dormir.

2 Al Lazarillo, su amo
   a ☐ le da pena.
   b ☐ le da envidia.
   c ☐ le aburre.

3 Lazarillo se sentía desgraciado porque
   a ☐ estaba solo.
   b ☐ tenía que mantener a su amo.
   c ☐ nadie le quería.

4 Cuando Lazarillo va a la plaza a comprar
   a ☐ se encuentra con una procesión.
   b ☐ se encuentra con un entierro.
   c ☐ encuentra a un amigo.

5 El escudero había abandonado su tierra
   a ☐ porque un amigo le había insultado.
   b ☐ porque un vecino no le había saludado.
   c ☐ porque un hombre le había quitado el sombrero.

6 Un hombre pide dinero al escudero
   a ☐ por el alquiler de la cama.
   b ☐ por el vino que le había vendido.
   c ☐ por el alquiler de la casa.

Gramática

DELE **2** Aquí tienes un hipotético diálogo entre el escudero y Lazarillo. Complétalo con una de las opciones que te proponemos.

Escudero: Buenos días, Lázaro. ¿Cómo estás?

Lázaro: (**1**) .... bien, aunque un (**2**) .... cansado porque esta noche no he dormido bien. Además tengo (**3**) .... hambre.

Escudero: Visto que son las nueve de la mañana, ¿por qué no (**4**) ....?

Lázaro: Me parece una buena idea. El problema es que no (**5**) .... nada.

Escudero: No te preocupes, toma esta moneda y (**6**) .... a comprar carne (**7**) .... la plaza.

Lázaro: Muy bien, señor. Estaré de vuelta (**8**) .... de media hora.

Escudero: Si te sobra dinero, no te olvides de comprar un (**9**) .... de vino.

Lázaro: Y si puedo voy a (**10**) .... también un poco de fruta. (**11**) .... mucho tiempo que no comemos.

Escudero: De acuerdo, pero no tardes mucho porque (**12**) .... mucha hambre.

1	a	☐	Mucho	b	☐	Muy	c	☐ Bastantes
2	a	☐	pocos	b	☐	algo	c	☐ poco
3	a	☐	mucho	b	☐	mucha	c	☐ demasiado
4	a	☐	comemos	b	☐	cenamos	c	☐ desayunamos
5	a	☐	hay	b	☐	está	c	☐ he
6	a	☐	ves	b	☐	ve	c	☐ vaya
7	a	☐	en	b	☐	a	c	☐ hacia
8	a	☐	dentro	b	☐	entro	c	☐ en
9	a	☐	vaso	b	☐	bota	c	☐ jarro
10	a	☐	traer	b	☐	llevar	c	☐ llegar
11	a	☐	Hacía	b	☐	Hace	c	☐ Hacemos
12	a	☐	tiene	b	☐	tenga	c	☐ tengo

Léxico

3 Busca en esta sopa de letras nueve palabras que salen en el capítulo (se leen en horizontal y vertical).

Q	L	A	R	E	N	U	F	C	Y
S	G	D	E	S	H	O	N	R	A
L	T	P	E	C	A	D	O	R	F
K	R	A	R	U	A	E	I	P	C
Z	I	P	B	D	J	I	N	A	E
U	P	T	M	E	E	M	R	M	L
L	A	Z	A	R	I	L	L	O	P
G	S	L	H	O	V	N	A	R	V

Expresión escrita y oral

4 Imagínate que el escudero te manda hacer la compra. Responde a las preguntas y luego escribe un texto ayudándote con las respuestas.

1 ¿Qué compras para la comida de hoy?

....

2 ¿Dónde vas a hacer la compra?

....

3 ¿Qué vas a cocinar con la compra que has hecho?

....

4 ¿Quién hace la compra en tu casa?

....

5 La casa del escudero es triste, oscura, desgraciada... Utilizando las palabras del recuadro, describe tu casa a tus compañeros.

> grande   está   luminosa   hay   pequeña   tiene   centro
> cerca de   periferia   habitaciones   cocina   baño
> comedor   garaje   ascensor   silenciosa

Antes de leer

Léxico

1 Las palabras siguientes se utilizan en el capítulo 7. Asocia cada palabra a la definición correspondiente y comprueba tus respuestas a lo largo del texto.

a	bulero	e	reñir	i	pregonar
b	alguacil	f	cántaro	j	echacuervos
c	calumniar	g	látigo	k	sermón
d	ahorrar	h	púlpito	l	letanía

1 ☐ Vasija grande de barro o de metal, ancha y generalmente con una o dos asas.

2 ☐ Persona autorizada para vender las bulas de la Santa Cruzada y recoger la limosna que daban los fieles.

3 ☐ El vendedor de bulas falsas.

4 ☐ Referido al dinero, guardarlo para el futuro.

5 ☐ Oficial del municipio que ejecuta las órdenes del alcalde.

6 ☐ Poner una noticia en conocimiento de todos en voz alta.

7 ☐ En la iglesia, plataforma elevada desde donde se predica o se realizan otros ejercicios religiosos.

8 ☐ Utensilio que consiste en una cuerda sujeta a un palo que sirve para golpear.

9 ☐ Oración cristiana que se hace invocando a Jesucristo, a la Virgen o a los Santos.

10 ☐ Discutir, sostener opiniones contrarias, enfadarse con alguien.

11 ☐ Discurso de aspecto religioso, pronunciado por un sacerdote.

12 ☐ Hacer acusaciones falsas y graves contra alguien.

El bulero

El cuarto amo era un bulero, el más desenvuelto y  desvergonzado que he visto jamás.

Cuando llegaba a un lugar a vender las bulas, primero ofrecía a los clérigos algunas cosas de poco valor, el mismo que tenían las bulas: una lechuga, un par de naranjas, un melocotón, dos peras. Así procuraba tenerlos a su favor, los clérigos llamaban a sus fieles que compraban las bulas. Cuando no se las compraban a las buenas, intentaba venderlas con toda una serie de astucias y engaños. Quiero contaros un episodio de los muchos que he visto.

En un lugar cerca de Toledo, había predicado mi señor comisario dos o tres días y nadie le había comprado una sola bula. Se enfadó mucho y decidió convocar al pueblo para el día siguiente por la mañana en la iglesia.

Esa noche, después de cenar, se ponen a jugar mi amo y el alguacil y al poco tiempo empiezan a reñir y a insultarse a causa del juego. Él llama al alguacil ladrón, y el otro a él falsario. El comisario, mi señor, coge una lanza y el otro saca su espada para

matarlo. Al ruido y las voces llega gente y los separa. El alguacil dice a mi amo que las bulas que vende son falsas. Finalmente se llevan al alguacil y todos nos vamos a dormir.

A la mañana siguiente, todo el pueblo va a la iglesia y mi amo se sube al púlpito y comienza su sermón, animando a la gente a comprar la santa bula. Entonces entra por la puerta de la iglesia el alguacil y dice así:

—Oídme, gente, el que está predicando es un echacuervos, me ha engañado diciéndome que tengo que ayudarlo en este negocio y que después dividirá la ganancia conmigo. Pero ahora veo el daño que he hecho a mi conciencia y me arrepiento y os digo claramente que las bulas que predica son falsas y no debéis creerle ni comprarlas.

Acabado su razonamiento, algunos hombres honrados quieren echar al alguacil de la iglesia, pero él dice que no tienen que tocarlo.

El señor comisario se pone de rodillas y, mirando al cielo, dice así:

—Señor Dios, que conoces la verdad y cómo soy calumniado injustamente. En lo que a mí me toca, yo lo perdono y te pido solo un milagro: si es verdad lo que él dice, que yo soy malo y falso, castígame y haz caer este púlpito conmigo en la profundidad de la tierra; y si es verdad lo que yo digo y aquel, persuadido por el diablo, dice maldad, castígalo también y todos conocerán su malicia.

Apenas acaba su oración, el alguacil se cae al suelo con tan gran golpe, que hace resonar toda la iglesia, y empieza a gritar y echar espuma por la boca, poniendo los ojos en blanco y revolviéndose a una parte y a otra. La gente estaba espantada y temerosa y decía:

—Bien se lo merece pues decía falso testimonio.

Algunos hombres consiguen a duras penas inmovilizarlo y calmarlo.

A todo esto, mi señor amo estaba en el púlpito de rodillas, las manos y los ojos puestos en el cielo en divina contemplación.

Aquellos buenos hombres llegan a mi amo y le dicen:

—Señor, socorre a este pobre hombre que está muriendo. Perdona todo lo mal que ha hablado de ti y aunque sabemos que es culpable, líbralo del peligro y pasión que padece, por amor de Dios.

El señor comisario, como quien despierta de un dulce sueño, los mira y mira al delincuente y a todo el público y, bajando del púlpito, todos se ponen de rodillas. Los clérigos empiezan a cantar en voz baja una letanía. Mi amo llega con la cruz y agua bendita sobre el pecador y reza una oración larga y devota, con la cual toda la gente empieza a llorar.

—Señor —dice el comisario—, no quiero la muerte de este pecador sino su vida y arrepentimiento. Perdona sus pecados y dale vida y salud.

Hecho esto, manda traer la bula y la pone en la cabeza del pecador. El alguacil empieza poco a poco a estar mejor, se echa a los pies de mi señor pidiéndole perdón y confiesa haber dicho todas aquellas falsedades por boca y mandamiento del demonio. Mi amo lo perdona y hacen las paces.

Viendo aquello, todo el mundo empieza a comprar la bula. Se divulga la noticia por todos los lugares y cuando llegábamos, no hacía falta ir a la iglesia, porque venían a la posada a comprar bulas como peras que se dan gratis.

En diez o doce pueblos donde fuimos, vendió mi señor más de mil bulas sin predicar sermón.

Yo también me había creído el engaño. Pero un día vi al alguacil y a mi amo que se reían y burlaban y dividían la ganancia. También a mí me hizo reír y pensé: «¡Cuántos malvados debe de haber en el mundo que se aprovechan de la gente inocente!».

Cuatro meses estuve con él en los que pasé muchas fatigas, aunque me daba bien de comer a costa de los curas y otros clérigos donde iba a predicar.

Luego fui con un maestro pintor y le preparaba los colores, y también sufrí mil males.

Un día, entrando en la iglesia mayor, un capellán me tomó como criado. Me dio un asno, cuatro cántaros y un látigo y empecé a vender agua por la ciudad. Me iba tan bien el negocio que, al cabo de cuatro años ahorré dinero y me compré un vestido nuevo, una capa y una espada de segunda mano. Dije a mi amo que no quería seguir en aquel oficio y me despedí de él.

Después estuve con un alguacil pero viví poco con él porque era un oficio peligroso.

Pensaba en qué modo podía vivir para tener descanso y ganar algo para la vejez. Dios me iluminó y con el favor de algunos amigos y señores, todos mis trabajos y fatigas pasados fueron pagados, alcanzando una profesión importante: pregonar los vinos que en esta ciudad se venden, acompañar los que padecen persecución por justicia y declarar a voces sus delitos, o sea, pregonero.

Y me iba tan bien el oficio que, en toda la ciudad, si alguien quería vender vino, tenía que contar con Lázaro de Tormes.

En este tiempo, viendo mi habilidad y buen vivir, el señor arcipreste de San Salvador, al que yo vendía sus vinos, procuró casarme con una criada suya y yo decidí hacerlo. Me casé con ella y hasta ahora no estoy arrepentido, porque, además de ser buena y diligente, mi señor arcipreste me hace favores y me ayuda en todo.

De esta manera tengo paz en mi casa y vivo feliz y en lo alto de toda buena fortuna.

Después de leer

Comprensión lectora

1 Marca con una ✗ la opción correcta.

1 Después de predicar en Toledo, el bulero

   a ☐ vendió una bula.

   b ☐ vendió varias bulas.

   c ☐ no vendió ninguna bula.

2 El bulero y el alguacil se ponen a jugar

   a ☐ antes de comer

   b ☐ por la noche.

   c ☐ por la mañana.

3 El alguacil llama al bulero

   a ☐ ladrón.

   b ☐ falsario.

   c ☐ endemoniado.

4 Apenas el bulero acaba la oración, el alguacil

   a ☐ empieza a llorar.

   b ☐ empieza a gritar.

   c ☐ sale de la iglesia corriendo.

5 En diez o doce pueblos donde fueron, vendieron bulas

   a ☐ después de haber predicado.

   b ☐ después de hacer un milagro.

   c ☐ sin haber predicado.

6 Al final, el Lazarillo

   a ☐ se cree el engaño del bulero y el alguacil.

   b ☐ no se da cuenta del engaño.

   c ☐ entiende el engaño y se ríe.

2 Completa las frases con las palabras del recuadro y ordena la secuencia.

> después lugar favor bula días juego
> episodio algunas voces fieles ladrón

a ☐ El señor comisario había predicado dos o tres .... en un
.... cerca de Toledo, y nadie le había comprado una sola
....

b ☐ El bulero procuraba tener a los clérigos a su .... y estos
llamaban a sus .... que compraban las bulas.

c ☐ El comisario ofrecía a los clérigos .... cosas de poco valor,
el mismo que tenían las bulas.

d ☐ El Lazarillo nos cuenta un .... de los muchos que ha visto.

e ☐ Una noche, ... de cenar, se ponen a jugar el amo y el
alguacil y al poco tiempo empiezan a insultarse a causa del
....

f ☐ Con el ruido y las .... empieza a llegar gente y los separa.

g ☐ El bulero llama al alguacil .... y el alguacil a él falsario.

El pretérito indefinido

El pretérito indefinido de los verbos regulares se forma sustituyendo las
terminaciones del infinitivo **-ar**, **-er**, **-ir** por la siguiente terminaciones:

	amar	temer	partir
yo	am -é	tem -í	part -í
tú	am -aste	tem -iste	part -iste
él, ella, usted	am -ó	tem -ió	part -ió
nosotros/as	am -amos	tem -imos	part -imos
vosotros/as	am -asteis	tem -isteis	part -isteis
ellos, ellas, ustedes	am -aron	tem -ieron	part -ieron

Se *enfadó* mucho y *decidió* convocar al pueblo.

Gramática

3 Completa las frases conjugando los verbos entre paréntesis en pretérito indefinido.

1 El cuarto amo (*ser*) .... un bulero.

2 Cerca de Toledo, (*predicar*) .... el bulero dos o tres días.

3 Todos (*venir*) .... a la posada a comprar bulas.

4 El bulero (*estar*) .... en el púlpito de rodillas.

5 Una noche el bulero y el alguacil (*ponerse*) .... a jugar.

6 Un día el alguacil y el amo se (*dividir*) .... la ganancia.

Léxico

4 Sustituye los elementos en negrita por su sinónimo correspondiente entre los que te proponemos.

a	empieza	**c**	sitio	**e**	da una mano	**g**	burro
b	En cuanto	**d**	Al ver	**f**	logran	**h**	mozo

1 ☐ En un **lugar** cerca de Toledo, había predicado mi señor comisario dos o tres días.

2 ☐ A la mañana siguiente, todo el pueblo va a la iglesia y mi amo se sube al púlpito y **comienza** su sermón.

3 ☐ **Apenas** acaba su oración, el alguacil se cae al suelo con tan gran golpe, que hace resonar toda la iglesia.

4 ☐ Algunos hombres **consiguen** a duras penas inmovilizarlo y calmarlo.

5 ☐ **Viendo** aquello, todo el mundo empieza a comprar la bula.

6 ☐ Me dio un **asno**, cuatro cántaros y un látigo y empecé a vender agua por la ciudad.

7 ☐ Un día, entrando en la iglesia, un capellán me tomó como **criado**.

8 ☐ Mi señor arcipreste me hace favores y me **ayuda** en todo.

Escena de la Inquisición (1851).

La Inquisición española

A mediados del siglo XV hay en la Península Ibérica varias clases sociales.

Los reyes y la nobleza tienen el poder, hacen la guerra a los moros y son dueños de las tierras.

El pueblo es esclavo y depende de los señores feudales; los siervos cultivan la tierra, son incultos, no saben leer ni escribir.

El clero, que depende de Roma y está agrupado en conventos de diferentes órdenes como los dominicos y los franciscanos, domina el saber, los libros y las bibliotecas. Los clérigos son los cristianos educados.

Las minorías de otros credos son los moros y los judíos:

Los moros son el pueblo vencido que retrocede a medida que los cristianos conquistan el territorio hasta concentrarse en Andalucía.

Los judíos viven en la Península desde tiempos inmemorables. Ejercen toda clase de oficios. Son cultos y conocen la contabilidad y la numeración decimal.

Las leyes limitan cada vez más las posibilidades de trabajo de los judíos. Les obligan a vivir en barrios determinados. Intentan excluirlos de la vida económica.

Los judíos se convierten en masa y ven que cambiando de religión desaparecen los problemas y pueden acceder a todos los oficios y puestos del reino que antes les eran prohibidos. Pero la mayor parte de estas conversiones no eran sinceras sino que se hicieron a la fuerza, ante la presión de la gente, excitada por sacerdotes fanáticos. Estos convertidos despiertan la envidia de los cristianos de siempre y empiezan las intrigas y las denuncias en su contra.

Entonces, nace la Inquisición Española: un tribunal impuesto por Isabel de Castilla y Fernando de Aragón, los Reyes Católicos, a partir de 1478. Estaba destinado a perseguir a los herejes y a los que no eran católicos y lograr, por la fuerza, la unidad religiosa.

Tomás de Torquemada era prior de los dominicos y confesor de la reina Isabel. Fue el Gran Inquisidor y persiguió a herejes, musulmanes y judíos que se negaban a convertirse a la religión católica, aplicándoles graves tormentos que iban desde la tortura a la muerte en la hoguera.

La sede principal estaba en Toledo. La autoridad del Inquisidor Supremo era inapelable y presidía un consejo supremo compuesto por cinco ministros. Todos los inquisidores eran nombrados por el rey.

La expulsión de los judíos de España por Isabel de Castilla y Fernando de Aragón (siglo XIX).

El papa Clemente VIII les otorgó también facultades de revisar todo tipo de impresos y manuscritos y de prohibir la lectura y circulación de todos los libros y papeles que podían ser perjudiciales a la moral o contrarios a los dogmas, ritos y disciplina de la iglesia, o sea, la censura.

Cuando había una cierta cantidad de condenados por la Inquisición, se celebraban los llamados «autos de fe»: eran ceremonias que duraban un día entero, desde la mañana hasta la noche, y participaba todo el pueblo. Comenzaba con una procesión de las autoridades civiles y eclesiásticas, detrás iban los condenados, vestidos con ropas vergonzosas e infamantes. Se leían las condenas y aquellos

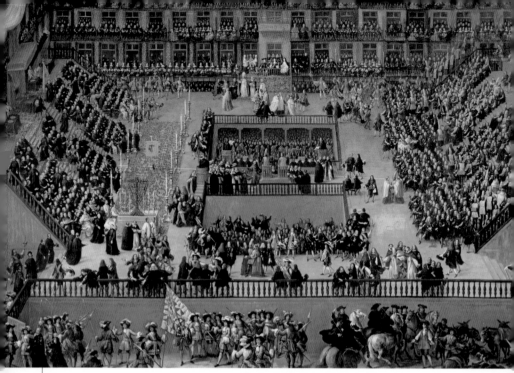

Auto da fe en la plaza Mayor, Madrid, Francisco Ricci, 1683.

destinados a la pena de muerte, los tomaba la autoridad civil, los entregaba al verdugo y este los quemaba en la hoguera en presencia de todo el pueblo.

En 1492, los Reyes Católicos, con la ayuda de la Inquisición, decretaron la expulsión de los judíos y los moros con graves consecuencias para España, que perdió dos culturas muy ricas.

La Inquisición se ocupó más tarde de la persecución de brujas; en el siglo XVI y XVII persiguió a los protestantes y en el XVIII a los seguidores de la Revolución Francesa. Siguió siempre con el *Index*, o sea la prohibición de los libros editados en España y las colonias americanas, determinando qué se podía leer y qué no.

Comprensión lectora

1 Responde a las siguientes preguntas.

1 ¿Qué clase social mantiene el poder en el siglo XV?

....

2 ¿Cuáles son las dos órdenes principales del clero?

....

3 ¿Dónde se concentran los últimos moros de la Península?

....

4 ¿Qué hacen los judíos para poder acceder a los oficios y puestos del reino?

....

5 ¿Cómo se llamaba el Gran Inquisidor?

....

6 ¿Quién nombraba a los inquisidores?

....

7 ¿Cómo empezaban los «autos de fe»?

....

8 ¿Con qué palabra podemos definir la prohibición de un libro?

....

9 ¿Quién expulsó de España a los judíos y a los moros?

....

10 ¿A quiénes persiguió la Inquisición en el siglo XVIII?

....

Comprensión lectora

1 Completa este texto sobre los temas tratados en el *Lazarillo de Tormes* poniendo los títulos a cada párrafo entre los del recuadro.

> La falsa religiosidad y la corrupción del clero   La orfandad
> La mezquindad y la avaricia   El hambre   El picaresco
> Las apariencias   El tema del vagabundo

Los temas del relato

(1) .... :
Lo notamos en la persona del ciego y de Lázaro.

(2) .... :
Se ven en el comportamiento del clérigo.

(3) .... :
Vemos claramente cómo el escudero logra unas apariencias completamente falsas. Representa la gente que demuestra ser una persona totalmente diferente a la que en realidad es.

(4) .... :
Esto se puede ver claramente en los personajes del bulero y el alguacil que lo acompaña.

(5) .... :
Este tema recae absolutamente sobre Lázaro y el ciego. El ciego le enseña a Lázaro que el mendigar y vagabundear es una forma magnífica de ganarse la vida.

(6) .... :
Otro tema que recae sobre Lázaro, pues el niño vive su infancia sin su padre y luego, su madre lo entrega a un amo para cuidar de él. Quiere decir que desde muy niño ya era huérfano.

(7) .... :
Es el tema más importante de la novela. Todo gira entorno al hambre, todo el problema de la novela ocurre por el hambre de Lázaro. Por esto, se puede decir que es uno de los temas más importantes. Este tema rompe con los esquemas literarios de la época.

Léxico

2 Crucigrama. Resolviendo las horizontales, podrás leer en la columna vertical roja el personaje principal de la novela.

1 ¿A qué ciudad va Lázaro después de estar con el clérigo?
2 ¿De dónde eran los padres del Lazarillo?
3 El ciego hacía resonar la iglesia cuando ....
4 ¿En qué ciudad sucede la aventura del toro de piedra?
5 ¿De qué color era el hermanito del Lazarillo?
6 El que vende bulas.
7 ¿Qué amo viste muy bien?
8 Género de novela a la que pertenece el *Lazarillo de Tormes*.
9 El Lazarillo no es un personaje real sino ....
10 El escudero había nacido cerca de ....
11 El Lazarillo era .... porque se había muerto su padre.
12 ¿Cuál es el tema más importante de la novela?
13 ¿Qué profesión importante alcanza el Lazarillo?
14 La mujer de Lázaro era la criada de un ....

Gramática

DELE **3** **Completa las frases con la opción correcta.**

1 El Lazarillo siempre .... hambre.

a ☐ ha   b ☐ tiene   c ☐ siente

2 En Salamanca .... un toro de piedra en un puente.

a ☐ es   b ☐ está   c ☐ hay

3 El Lazarillo pone al ciego .... una columna.

a ☐ delante   b ☐ adelante   c ☐ delante de

4 El Lazarillo no tiene .... para pagar al cerrajero.

a ☐ nadie   b ☐ algo   c ☐ nada

5 Un vecino le dice al clérigo que el que se come el pan no es un ratón .... una culebra.

a ☐ pero   b ☐ sino   c ☐ aunque

6 Después del capellán, el Lazarillo estuvo con un alguacil, pero vivió poco con .... porque era un oficio peligroso.

a ☐ ello   b ☐ el   c ☐ él

7 Si alguien quería vender vino en la ciudad tenía que contar .... Lázaro.

a ☐ a   b ☐ con   c ☐ de

4 **¿Qué es lo que hace cada animal? Asocia a cada animal las características del recuadro.**

| ruge   trabaja   toma el sol   canta   relincha   roe   pica   silba |

1 el ratón ....   5 la hormiga ....

2 el caballo ....   6 el león ....

3 la cigarra ....   7 la lagartija ....

4 la culebra ....   8 el mosquito ....